アウトローな人生

達せ

文芸社

はじめに

人は生まれて生き、そして人生の終わり、死に向かって皆、歩み行くのである。その与えられた命をどう生きてゆくかは自分次第である。

同じ事なら人生を幸せに楽しく生きるほうがよいのではなかろうか。

つまり人はダラダラ生きるのではなく、何事も経験してみるのがよいと思う。経験してこそ、人に教えていけるというものである。

それが真の体得となり子孫への教えとしてプラスとなる。

私自身、自分の人生が良いのか悪いのかはわからないが、現在までの人生を振り返ってみたいと筆を執った。

私の生き方について、人はただの不良と思い、もっとまっとうに生きるべきだと思うかもしれない。

しかし、つまらんヤツだと思うかもしれないが、私はただ単に人の敷いた線路の上を歩むより、自ら未知の線路を歩むことに価値があると思って生きてきた。

だから私は、自分の子に対しても、将来に向けての線路を親として敷こうという気は全くなく、それは子供自身が選ぶべき事であると思っている。

この本の中には、生きることの楽しみや、どう生きるか、というヒントが入っている。

また、永年持病と付き合ってきた私が体得した、病気に対する考え方や、それに対する姿勢、病院と薬の選び方なども書かれている。

その他にも、人生とは何かを考えるとともに、生きていれば誰でも悪いときがあり、この本によってそれをクリアする勇気を与えられたらと思っている。

つまり、何事もプラス思考でいきましょうと言いたいわけである。

アウトローな人生

◎目次

生まれと家系

私は昭和三十四年、大阪市内のV病院で生まれた。病院はキリスト系でも、家は別にクリスチャンではない。

いわゆる家系も悪くはなく、その頃にしたら恵まれたほうであろう。

父親は当時、ガラス製品の販売を行う、中小企業の社長であった。だから一般的には裕福な生活であったといえる。

父親は私が一歳のとき、兵庫県の某所に戸建の家を買い、その近くで土地も買い、私達はそこに移り住み、優雅な暮らしをしていたと思う。

父親の会社は大阪市内にあった生家の一階にあって、会社はそのままそこで経営していた。

私は三人兄弟の末っ子で、六歳上の兄と、八歳上の姉がいる。父親、母親、祖母との六人家族であった。

祖父は私が生まれる前に他界したが、やはりガラス工場を営んでいた。工場は戦争で焼けてしまったとの事である。

もし焼けてしまわなければ、現在の上場企業であるAガラスと肩を並べるほどの会社であり、おそらく父親が後を継いでいた事であろうと思う。

父親は五人兄弟の次男であったが、長男が病弱で祖父の跡を継げる状態ではなかったのである。

私の兄や姉は、祖父に良くしてもらったそうである。

父親も母親も、そして兄、姉ともに、私から見ると真面目な性格で、特に父親は真面目すぎるほどであり、今の私とは全く似ても似つかない家族であった。

私が小学生の頃、友達とおもちゃの自動車で遊んでいて、ダンボールの箱を潰し自動車を走らせる坂を作って、「どちらの自動車が速いか賭けよう」と言ったら、父親がその話を聞きつけて、「賭けるとはどういう事だ！」と叱ったほどの、真面目人間であった。

その兵庫県の自宅から私は保育所や幼稚園へ通い、小学校へ入学し、いたって平和に生活をしていた。

幼い頃の私は、兄や姉と年が離れているせいか、山へ探検しに行ったりするといつもおいてきぼりされ、寂しい思いをした記憶がある。

兄弟というものはやはり、年が近いほうが良いと思える。

年が離れていると、どうしても、話題や遊び方が違い、同じ遊びも出来なくて、まるで一人っ子みたいに感じる。

そのぶん、親の愛は一番沢山もらえたような気はするけれども。

でも家族とは良いものだ。心から愛し合い、助け合い、そして何もかも打ち明けられる。これが真の愛情と言えるのだろう。

ただ、損なことと言えば、兄の古着を着せられたことや、兄や姉など年上の言うことを必ず聞かないといけなかったことだ。

私が住んでいた所はかなり山の中で、田舎であった。

保育所や幼稚園も、電車に乗って二つ目の駅まで行かなければならなかったし、家の近くには友達も少なく、遊び相手も決まっていた。

一番仲が良かったのは、家が旅館の経営をしていたH君だった。

H君も当然、家庭は裕福で、何でも好きなものを買ってもらっていて、私はいつも、羨ましく思っていた。

このH君とは、結局二十歳くらいまで付き合いがあった。

たった一人の同級生であったが、自動車事故で他界してしまった。

それも、結婚式を一カ月後に控えていた時の事で、私も、彼の家族も、そして彼の彼女も大きなショックを受けた。

彼女が出来たとき、彼は一番に私のところへ彼女と共に訪れ、結婚しようと思っていると嬉しそうに語っていた。

また私に、お前もはよ結婚しろよ、とのろけていたのだった。

そうしてたった一人の同級生を亡くした私は、彼の命日には必ずお供えを届けるようにし、それは五年続いた。

そんな田舎暮らしで一番楽しみにしていたのは、父親が会社の帰りにおみやげをいつも買って来てくれたことである。

特にチョコレートが多かったのが記憶にある。

私はチョコレートが大変好きであった。

大きくなってから知った事だが、あの真面目な父が、仕事の帰りに毎日パチンコに行っていたのである。

おみやげはパチンコの景品であった。

私の父がパチンコをしていたなんて意外であったが、普通の人であった事が証明され、何故か嬉しかった。

幼いときの私はかなり泣き虫であり、自分で言うのもなんだが、わがまま坊主であった。

これはやはり、兄弟と年が離れ、自分の思いどおりにいかなかったせいもあるし、ひとりっ子のように甘えたせいもあるだろう。

しかし甘えっ子であったということは、平和な家庭であったということだ。

そんな平和な家庭にある日、とんでもない出来事が起こったのである。

14

父親の会社の倒産

私が小学校一年生の後半だったと思うが、父が下請け会社から受け取った約束手形が不渡りになってしまい、その影響で父の会社も資金にゆきづまり、連鎖倒産となってしまった。

自社手形も不渡りとなり、経営を継続することが不可能となったのである。

私たち兄弟は、その事を知るよしもなかった。

だが今から思えば、兄や姉はひょっとしてうすうす分かっていたのかもしれない。

父の負債総額が幾らかは知らないが、当時にすれば相当な金額であったのだろう。

下請け会社の方は夜逃げをしてしまい、回収することも出来ず、全ての債務は父が背負う事となったのである。

当時は、会社が倒産するとヤクザが介入して解決する事が多く、父の場合においても、やはりヤクザが介入してきた。

父のところへやって来たヤクザは、今も日本一の大組織である、神戸のA組の傘下、B組であった。

後に母から聞いたのであるが、B組は大阪の会社へ取り立てに来た際、二階の和室に土足で上がりこみ、頭を下げる父の目の前の畳に日本刀を突き刺して凄んだそうである。

その時の父は身体全体が震えていて、脅えきっていたという。

父は当然、ある意味でお坊ちゃま育ちで、倒産やヤクザとは過去、縁もなく、もちろん免疫もなかった。

そんな父親には、きっと生まれて初めての恐怖体験であった事だろうと思う。

現在アウトローに生きている私は、その頃はまだ小学生であった。今だったら父親を助けてやる事も出来たのにと思う今日この頃である。

何と言うか、今の私にとって会社整理は「得意の分野」なのである。

また、ヤクザ等との話し合いや、和解も出来るはずだ。

現に今はそういった人の相談にものり、解決してきているだけに、悔しさもある。

当時の父や母には相談する人も、ヤクザの知人ももちろんなく、本当に苦しんだ事であると思う。

まさか父も母も、私が将来このような仕事に就くとは思いもしなかったであろう。

でも結果的には、逃げもせず前向きに対応した父と母はたいしたものだ。

父と母は、そのヤクザと話をして、分割で返済することで了解を得たのであった。

しかしヤクザが帰った後、父母は子ども達も連れて死のうとも考えたそうである。

今、私が生きているという事は、つまりは思いとどまったのである。その後、父と母は、この難所を切り抜けるために、おそらく悩みに悩んだことであろうと思う。

結果、母は大阪の会社を改装し、お好み焼き屋を開店した。幸いにも、その店が大繁盛したのであった。

父は自営をあきらめ、勤めに出ようとしたが、なかなか雇ってくれるところもなく、途方にくれていた。

そんな時、ある男性から父宛に電話が入った。

その方は韓国籍で、大阪でガラス工場を営んでいるAさんという社長さんであった。社長は戦後、日本で商売をするために来日したのだが、何の商売をしようかと考えていた時、私の祖父と知り合い、ガラス製品の製造、販売のノウハウを教わり、大阪でガラス工場の会社を設立して大成功を遂げたのである。

私の父が倒産した話を聞きつけ、貴方のお父さんには本当に世話になったと言い、もし良ければ私の会社で働いてもらえないかとの事であった。

父にとっては願ってもない話であり、さっそく世話になる事となった。

そうして考えると、我が祖父は偉大な人であったに違いないと思う。見ず知らずの人に、自分の知る限りのガラスについてのノウハウを教え、成功させたのだから。ましてや、自らの利益など求めることもなかったのだから。

そして結果的には、後に我が父を救うという大きな財を与えてくれたのだから。

そうして、父母には債務返済のめどがついたのである。

ところが生活といえば、母は店が終わるのが深夜になるため、当然大阪で一人暮らし、父は兵庫で私たちと暮らす事となったのである。

こうしてみると、私の母はなかなかの根性を持った人物である事が分かる。

小学校一年生の私にとっては、生活の事など一度も気にもしなかったのであるが、ある日、兄と姉が遊んでくれなくて退屈した私は、みんなをビックリさせようと思い、母のいる大阪へ遊びに行こうと決心した。

兄と姉にちょっと大阪へ行ってくるわ、と言い残して家を出た。

兄も姉も私が冗談を言っていると思い、そう気にも止めず、「行ってらっしゃい」

と見送った。

家から大阪の店まで、電車を三回乗り継がなければならず、当然、私にはお金は一円もない。

時間も一時間以上かかる距離であり、私にとっては大冒険であった。

私は、電車の乗り降りは他の人にまぎれ込み、うまく無賃乗車を成功させた。

ところが、そう簡単にはいくはずがなかった。

最後の最後に大阪のチンチン電車に乗ったときだ。

私が降りるはずの駅の一つ手前の駅で、他の乗客が全員降りてしまった。

という事は、私が他の人にまぎれ込んで降りることは不可能になったという事だ。

なんと不運な出来事であろうか！

子供ながら、さすがに汗をかいてあせりを感じた。

きっと私はお巡りさんに連れて行かれると思い込んだ。

ところが、車掌さんが私に近寄ってきて、「ボク、この電車は次の駅で終点やから、次の電車に乗り換えて」と言ってきたのだ。
天は私を救ってくれたのだ。
やはり日頃の行いは良くないと駄目だなぁと、その時は思った。

転校

そうして私は母の店に無事到着した。

びっくりしたのは母であった。

私はその母のびっくりした顔を見て、びっくりしたのである。

しかし母は、いくら突然私が来たとて、店を休むわけにはいかず、その日は父が迎えに来て、自宅に戻ることとなった。

兄も姉も父も母も、皆が私の行動に驚いていた。

その後父と母は、私が母と別々に暮らしていることが寂しいのではと誤解し、私を大阪の店に引っ越しさせ、学校も当然、転校することになった。

私にとっては、ただの冒険のつもりが、思わぬ方向に進み、考えもしていない転校劇となったのだ。

そうして私は父と母と大阪に住むことになり、兄と姉と祖母は兵庫県に住んで、兄弟別々に暮らすこととなった。

兵庫県の田舎から大阪の都会へ引っ越した私は、丁度小学校二年生であった。授業の内容も違うし、戸惑ったこともあった。

とはいえ、そんなに真剣に勉強をしたこともないのだが。

一番困ったのは、都会の不良達だ。

とんでもなく、ゴンタ（ワル）であった。

私は田舎に住んでいたため、不良に免疫がなかった。

そんな私を直撃したのは、同級生ではなく、四年生、五年生の先輩であった。

ちょっと生意気な私は、上級生に目を付けられては喧嘩を売られた。

おっちょこちょいで、目立ちたがり屋のせいだろうか。

でも、喧嘩といっても殴り合いではなく、摑み合いの喧嘩で、私は運良く全て勝った。

時には喧嘩を売られたとき、友達がびっくりして私の母に連絡を取り、あわてた母が飛んで来たこともあったが、その時はもう終わった後であった。

そんなこんなで都会生活を過ごしていたが、よく母の店の売り上げをくすねてはお山の大将になっていたものだ。

親の気持ち子知らずで、親が一生懸命働いて借金を返済しているにもかかわらず、私はお金の魅力に取りつかれ、お店のお金を一生懸命使っていたのだ。

その頃から、私はお金大好き人間になっていた。

母の店は思ったよりはやっていて、閉店するのはいつも夜中であった。

幼い私だが、店を手伝い、時には酔っ払いの客が暴れたとき警察に通報するのも私の役目であった。

当時、自宅には風呂もなく、夕方一人で風呂屋に行ったり、母がお店を閉店した後に一緒に行ったりしていた。

大阪では、夏場、月に二回夜店が出ていて、ヒヨコ釣りや金魚釣りなどをするのが楽しかった。

24 転校

一度、ヒヨコ釣りをしたヒヨコがいつのまにかニワトリに変身してしまい、そのニワトリにスイカをやったところ、ニワトリの顔が真っ赤になって、驚いたこともあった。

それ以来、ヒヨコ釣りは二度としなくなった。

そして、私が夜店に行くたびに、母のお店のお金が減るのであった。

私はなんという事をしていたのであろうか。

そうして私が小学校四年生のとき、父母の努力のおかげで借金返済がほぼ完了した。大阪の自宅兼店舗を人に貸し、家族全員で兵庫県の家に住めるようになり、私も再び転校する事になった。

しかし私がお店のお金をかなり盗っていたにもかかわらず、短期間で返済した私の親も凄いものだ。

父はやはりA氏の会社に勤め、母は近くのゴルフ場のロッカー係として働き、共稼ぎで残りの借金の返済をしていた。

そんな父と母の気も知らず、私は父や母の財布からお金を盗み遊んでいた。

とんでもない私……。

その頃の私は好き勝手に生き、万引きとか、悪さばかりしていた。そんな生活を私は中学卒業まででし、勉強もほとんどしていなかった。

親にとってはどうしようもない子供だったに違いない。

中学校の頃、私が真面目にやったのは、部活動だけであった。

小学校の頃から先輩にテニスを教わり、なかなかの腕前であった私は、中学校に入ったら絶対テニス部に入ろうと思っていたし、先輩も絶対テニス部に来いと言っていたが、入学したらテニス部に入りたいやつがやたらといて、入部はやめた。

そして、どこに入ろうかと考えていた時、入部希望者が余りにも少ないブラスバンド部の先生に声を掛けられ、何を思ったか、私はブラスバンド部に入部してしまったのである。

私はトランペットを始めた。

体育祭や朝礼は、私達ブラスバンド部の活躍の場だった。

しかし、どうもブラスバンド部に入部した自分に納得がいかず、私は一年でやめてしまった。

次に入部したのが、バスケット部であった。

バスケットは気に入って、卒業まで続けた。

三年の時には副キャプテンになった。本当は誰もキャプテンにも副キャプテンにもなりたがらないので、補欠の多い私だったが、自ら買って出てなったのだ。

それ以外では、小学校五年生の時から中学卒業まで、日曜日は柔道を習いに行っていたが、あんまり役に立たないスポーツであった。

柔道の試合には二回ほど出場したが、一回目の試合では、私の身長が百五十センチ未満、相手は百八十センチ。

勝負するまでもなかった。

試合が始まり勝負に出たが、相手は大木と同じで、私の技など効くはずもなく、二分で負けてしまった。

翌年、再度試合に挑戦しようと会場に行ったが、メンバー表を見ると私の相手はまたもや去年の大木であったため、やるだけ無駄だと思って黙って自宅へ帰った。

さて、私は通っていた中学に歴史的な貢献をした。

というのも、私が中学に入学した時は、男子は全員丸坊主にしなければならなかった。

私はその丸坊主が嫌で嫌でたまらなかった。

そこで私は、ある日の朝礼の時、手を上げて、頭髪自由化運動を発足する事を宣言した。

その後、我が校では、頭髪自由化運動推進委員会が発足し、約半年かけて頭髪自由化を実現させたのである。

我が中学の後輩たち、私に感謝しろ、もう丸坊主はしなくて済むのだから。

これは歴史に残ることだろう。

ところで、なんだかんだとんでもない事をしでかす私は、中学卒業以後親にもっともっと苦労をかけてしまうのであった。

28

高校生活

中学校三年生ともなると、誰もが一緒ではあるが、高校受験という壁にぶちあたる。

私は特に勉強らしき勉強をしていなかったから、この壁はかなり厚くて、当然、評判の良い高校に入ることなど出来そうもなかった。

中学時代のテストなんかでも、ハッキリ言って、私より点数が悪く順位が低い人は誰かがわかるほど、私の順位は後ろの方であった。

私が受験した高校の入学には事前審査があり、もしこの審査を通れば、形式上試験は受けても、入学できたも同然であった。

私はこれまた運良く事前審査に通ったのであった。

その高校は私の兄も卒業しており、当時の兄の担任の先生も在職中で、兄の弟ということで楽しみにしていたそうである。

私は中学時代、友達が十一人いたが、友達は全て、私が事前審査に受かった学校よりワンランク下の高校の事前審査にしか受からなかった。

私は友達と別れるのが嫌で、先生に、友達が行く高校へ行きたい旨を伝えて頼み込んだが、猛反対された。

でも私の人生は私が決めるべき事なので、先生の猛反対を押し切り、友達が受験する高校へ行く事になった。

そもそもそれが人生の歩みを左右するなどとは、その時全く思いもしなかったのである。

高校は大阪市内の男子校へ電車で通学することになった。そうして四月、私たち仲間は揃って入学した。

その学校は私が想像もしなかった恐ろしいところで、誰が見てもとても学校とは言えない地獄の場所であった。

トイレなどはタバコの吸殻でいっぱいだし、クソも出来ない。

食堂では先輩たちがコーラのビンを並べ、食器でボウリングをしている。

いったいここはどこなのだ、何をしているのだという印象を受けた。

それに、授業中にタバコを吸う者もいれば、シンナーを吸っている者もいる。先生はそれを無視し、授業開始には遅れて来て、十分もしたら終了。

喧嘩は日課のようにあって、必ず誰かが血を流していた。

我々もタバコくらいは吸っていたが、この無茶苦茶なありかたは、さすがに理解出来なかった。

喧嘩も、つかみ合いこそしたが、殴り合いなどしたこともないし、免疫も当然なかった。

日課の喧嘩はいわゆる番長の奪い合いである。

当然、我々には関係ないことなので、見て見ぬ振りをしていく事にした。

先生も、生徒の喧嘩を止めることすらせず、見て見ぬ振りをしている。

生徒も先生を先生として認めていない。

生徒が怖がる先生は生活指導の先生くらいだが、その先生もあえて自ら対応する気はないようだ。

学校とはとても言えないような、まさしくスラム街であった。

そのスラム街の片隅にいた我々。

しかし火の粉は我々を襲ってきた。

ある日、人だかりが出来ていて、私はまた喧嘩だなと思っていたら、とんでもない事が起こっていたのだ。

血を流していたのは私の友達であった。思わず私はその喧嘩を止めに入った。

私は当時、身長が一五〇センチと小さく、小学生、中学生のときも朝礼の際、自慢ではないが前から三番目には入っていた。

そんな私が喧嘩を止めに入っても何の役にも立たず、結局その火の粉は私の方へと襲いかかってくる羽目になった。

私の顔はボコボコで痛かった。

次の日、私は前日私をボコボコにした一員の中で一番弱そうなやつを捕まえ、殴ってやった。

やつらは集団でしか来ない。

しかし総勢二十人くらいはいた。

やはり私は、やつらの一人を殴ったことで、全員にボコボコにされた。

それでも私はまた、弱いやつを殴った。
二、三回はやったが、結果は一緒だった。
私の友達は皆、知らん顔だった。

私は友達に力を貸してくれといって頼んだのに、誰も力を貸してくれなかった。

相手が二十人いても、我々が力を合わせれば十一人だが、何とかなると私は判断したが、友達は拒んだ。

もう喧嘩というより、これはイジメだった。

私は仕方なく、いつも折りたたみ式のナイフを持つようになったが、使う事は結局なかった。

ある日を境に、私は学校に行かなくなった。

辛く、悲しく、一人泣いたこともあった。

数日して、私の友達の一人が家に来て、一緒に学校に行こうと言ってきた。

私は、お前らが俺に力を貸してくれたら行くわ、と言ったが、友達はそれを断った。


私はその友達に言ってやった。

俺は学校には行かないし、お前らとの付き合いも今後は一切しない、と……。

それ以来、私はその友達とは連絡すらしなくなり、今も付き合いはない。

そして私は、その高校を退学したのである。

しかし、おかしな話だ。私は私の友達のために喧嘩に割り込み、大変な思いをしたのに、その友達すら知らん顔するのだから、たまったものじゃない。

友達、いや親友とはこの世に存在しないのかと、人間恐怖症になった。

だから私は、ここで忠告する。

親友などうわべのもので、誠心誠意心の通じ合う真の親友など、この世にはいない。

そして、もし本当に親友というものがいると言うなら、自分が本当に困った時にどうしてくれるかを見ればいい。

ほとんど助けてくれることはないだろう。

私の言うとおり、親友とは、友達とは、口先だけのものである。

寂しい事であるが、それも現実であるということを、頭の片隅に置いておいたほうがいいと思う。

信じられるのは自分自身であり、人に情けをかければ、必ずその情けを喰いにかかるやつがいるということである。

つまり情けは禁物であり、情けは心の中に置いておくものだ。

全て、情ではなくビジネス感覚に徹するべきであろう。

そうしておくと必ず、信用できる人か、できない人かが明確に見え、判断出来るというものである。

ケチや人情がないのではない、慎重になれということである。

この世に義理人情が少ないことも寂しいが、これもまた、現実である。

人は基本的に利己主義である。

人は損得で生きている。

人は理屈でもって生きている。

夫婦も同じで、しょせんは他人同士である。

本当にわかり合えるのは、相互に真の愛が存在した時である。

これが私の真理である。


話は戻るが、高校を退学した私は、せめて高校だけは卒業したいという夢を捨てきれず、再度チャレンジしてみようと思った。

私は中学のときの先生に会いに行き、来年、もう一度受験をしたい旨を伝え、お願いした。

そして受験出来ることになったが、余りにも私の受験希望校のレベルが高すぎて一次試験も二次試験もすべってしまった。

私は勉強もしなかったくせに、夢だけは大きく持ちすぎた。

チャレンジするのは良いが、あまりにも無謀な冒険的受験であった。

やはり努力なくして夢かなわずであった。

しかし、これ以上もう手立てはなく落胆していたが、一つの希望が出てきた。

普通、高校受験で三次試験など聞いたこともないが、それがあったのだ。

最後の最後に中学の先輩の紹介で、A島のY学園の三次試験を特別に受験させてもらい、何とか合格し、やっと入学出来る事となった。

ただ問題は、生活がアパート暮らしになることだった。

私はその頃、前年より身長が一気に伸びて一七〇センチになっていた。

嘘のような、本当の話である。

私は何事も最初が肝心だと思い、今度は気合を入れて新入学に臨んだ。

そうしたら、入学式の直後から喧嘩が始まった。

そのお陰かどうかはわからないが、喧嘩相手と意気投合して仲良くなったのだ。

しかし、やはり甘くはない。今度の敵は先生だった。

意気投合したやつらと私のアパートで集まり、ドンチャン騒ぎをしていたときのこと、タバコを吸い、酒を飲み、気分良くしていたら、窓から担任の先生が入ってきた。

全員自宅へ帰らされ、私は一人、説教を受け、次の日からノートに漢字を一千文字書かされる事になってしまった。

また、やることなすこと全て裏目に出て、喫茶店でタバコを吸えば補導され、喧嘩をしては捕まり、女性とエッチをしても捕まり、一年も経たぬ間に退学となってしまったのである。

しかしこの高校で、私は素晴らしい経験をさせてもらった。

女性関係でエッチがばれ、最終的に退学になる前、旅館の経営者を兼ねた先生がいて、その旅館から先生とともに通学し、処分を待っていた。

それは私の先輩も一緒だった。

その旅館の先生がなかなか優しく、私たちによくしてくれた。

しかしもっとよい、まるでテレビドラマにでも出てくるような先生がいた。

その名も三吉（ミヨシ）。

ケタはずれのとんでもない先生で、いつも酒を飲み、学校でも顔を真っ赤にしていた。

さらに、私が三吉先生の家に遊びに行くと、いつも、「わかば」というタバコを吸わせてくれた。

何故か？

「お前ら、いつもタバコ吸うてるやろ？　吸いたいときは俺の前で吸え！　但し学校では絶対に吸うな！」

と、タバコをくれたのである。

その頃、私はハイライトを吸っていたが、三吉先生は「ハイライト」は吸わせてくれず、いつも「わかば」しか吸わせてもらえなかった。

ちょっとした青春ドラマでも見られないシーンであった。

しかし本当のドラマの始まりは、その後であった。

その三吉先生は、私たちが旅館の先生のところに寝泊りしていた時、いつも朝一番に商店街に行って、熱々のてんぷらを買って来てくれていた。

数日経ったある日の朝、いつものてんぷらを買ってきて、私に向かっていきなり土下座をし、

「すまん。俺はお前のために役に立てなかった！」と言うのだ。

そして私の先輩に、「お前はこいつの分も頑張れ」と言ったのだ。

その時、私は、自分が退学処分になった事、そして先輩が停学になった事に気づいたのである。

その時のてんぷらは最高にうまかった。

こんな先生に出会えた事は、私にとって最高の幸せであった。

その日学校で退学の勧告を受けたのは教頭先生からだったが、その時教頭に言われた言葉は、今でも忘れられない程、ひどかった。

教頭は私に、

「お前のような根性の曲がったやつはおらん。お前は最低や！」

と言い、私はひどい屈辱を感じた。

そして紙切れを二枚、私に差し出し、どちらか選べと言った。

一枚の紙は、「強制退学」と書いてあり、もう一枚の紙には「自主退学いたします」と書いてあったのだ。

私は意味がわからず、

「どう違うのですか？」

と聞くと、教頭は、

「自主退学やったら転校さしたる」

と言った。

迷わず私は自主退学を希望し、転校を選んだ。

後で気づいたのだが、強制退学の場合は私に寄付金を返還しなければならなかったのだ。

まあ、駆け引きだらけのこの世であり、子供までもが利用されるイヤラシサである。

そして教頭は、私に、「お前みたいなやつは三重県のN学園に転校しろ。根性なおるのと違うか？」

と言ったが、私は、

「自分で探します」

と断った。

私が転校先として考えたのは、一つ目の高校であるD高校であった。

何故かというと、私は私なりに、あの屈辱の仕返しを考えていたのである。

しかしD高校には、ややこしいと拒否されてしまった。

私は挫けず、仕返しはいつでも出来ると、地元の定時制の高校に転校した。

まあ転校先が定時制なので、仕事、学校、遊びと幅広く行動出来るようになった。

自慢ではないが、高校を三つも行った人はそうざらにはいないだろうと思う。

そう言えばY学園在籍の時、私はサッカー部に入った。

中学からバスケットをしていた事もあり、私のジャンプ力は七八センチあり、入部と同時にゴールキーパーに選ばれた。

高校生活

このゴールキーパーの怖さがどんなものか、ご存知だろうか。

相手チームの選手が攻撃してきた時、そのボールを奪いに行くのは、まるで自殺行為だ。

顔や身体を蹴られるのは当たり前で、当たり所が悪ければ、気を失いそうになる事もある。

その上、得点を入れられようものなら、全責任がかかって来る。

一番嫌なポストである。

サッカーのW杯などを見ていると、どこの国のゴールキーパーを見ていてもやはり凄い。

あの瞬発力と洞察力には感心するばかりであり、さすがにプロという感じがする。

楽なようで、一番重要なポストであろうと私は思う。

私も当時、高校サッカー選手権大会の名簿に載せてもらった事もあり、青春を感じていたものだ。

しかし気持ちとは裏腹に、仕事と病気のおかげで、私は高校を卒業することを断念せざるを得なかった。

少し話が外れるが、私は現代の教育の方針というか、在り方に疑問を感じていた。

今の教育は勉強を教えるばかりで、本当の生き方や人のあり方については教えていない。

何を言いたいかと言うと、現代の教育では、規則に反した者は切り捨てるというやり方をとる。

私が考える教育とは、切り捨てではなく、共に学びゆく事こそが大切であると思う。

人は自分が気にいらなければ切り捨ててしまい、気にいった者のみを手の中に入れ可愛がる。

だが、同じ教育を平等にするのが真の教育である。

切り捨てる前に、何とかその人を教育していく方法はないかと考えるのが、教師としての役目ではなかろうか。

教師たるもの、教師としての真の誇りを持てという事である。

生徒の中には色々な人間がいる、その色々な生徒一人ひとりの心の中に入れる教師こそ、本当の教師である。

生徒を叱る事を怖がり、ついて来る生徒のみを指導し、後は知らぬ顔をする教師も多い。

ましてや、今、教師を目指す人は、中学や高校の教師にはなりたがらないそうではないか。

何故か？

生徒の暴力が怖いらしい。

そんなヤツは教師になる資格がないと思う。

いや、教師になるのはやめるべきである。

また、日教組の連中は、自分たちの思想を生徒に教育しようとしたりもする。

とんでもない事である。

それと、教師を目指す人は、教科書で学んだ事をまた教科書どおり教えるだけで、世間知らずが多い。

勉強だけを教えるのなら、塾だけでもよいのだ。

生き方を教えてこそ教師だが、ドラマのなかの熱血先生のような人は少ない。

一概には言えないが、まだ体育会系の大学出の先生の方が世間を知り、真の社会勉強をしているのではなかろうか?

私が以前逮捕された時、一緒に留置されていた痴漢などで逮捕されたヤツは、某有名大学卒のお坊ちゃまであり、その職業はなんと塾の先生であった。

私が言いたいのは、教育とは教科書の勉強だけでなく、遊びも生き方の真道も教えてこそ教育だということである。

私は二つ目の高校を退学になった。

たしかに悪い事をしたのは私だが、悪い事をする生徒をも再教育するのが教育の場ではなかろうか。

切り捨てられた生徒がどんな生き方をするのか、気にはならないのだろうか?

臭いものには蓋をし、かかわりたくないというのが本音なのだろうか?

これでは教育の場はどうにもならないだろう。

校則で、頭の毛を染めたら停学になったり、制服の丈が長いの短いのと言われて処分を受けたり。

私に言わせれば、そんな事は教育に関係のないことである。

たとえそんな生徒でも、学校に来たいから来ているのに、退学にしたり、停学にしたりして、何の意味もないと思う。

自分で学校を辞めるヤツは、本人の選択によるのだから辞めさせればよいが、来たいヤツを辞めさせてどうするのだ?

そう言えば、私は二つ目の高校で、バイクの免許を担任の先生に取り上げられた。何故かというと、校則でバイクに乗ってはならないとされているからである。

私はこの学校に入学する以前にバイクの免許を取得していた。

それも自分でアルバイトをして稼いだお金で！

国の法律が満十六歳でバイクの免許を取得してもよいとなっているのに、校則の方が優先とは驚きである。

校則は法律でもないのに、法律より強いとはなんたる学校だ。

人権を無視しているではないか！

これが教育というのだから、とんでもない事だ。

世の教師たち、もっともっと勉強しろ！　青春ドラマでも見て。三吉先生を見ならえ！

これからの教師は、そして親も、子供に勉強勉強と押し付けるな！

俺は押し付けない。

ただ、最低の国語力、算数、思考力、そして英語がある程度出来ればよい。

ワンパクでもいい、たくましく育って欲しい（このセリフはパクリ）。ヒョロヒョロの青い大人にはなって欲しくない。

ただし、どういう勉強をしてどういう大人になるかの選択は、本人に任せるようにするが。

仕事と闘病生活

私は仕事（アルバイト）をするのが好きだった。

何故か？　そう、お金が貰えるからだ。

お金さえあれば好きなものを買えるし、好きなものを食べられる。こんな幸せなことはないと思っていた。

だから私は、幼い頃、母の店の売り上げをくすねた分、店の手伝いをした。

それはただの言い訳にすぎないのだが。

二つ目の高校の頃は、クラブが終わってから、毎日てっちり屋さんに行き、夜の十二時頃まで働いた。

二千円ずつ日払いで受け取り、家の机の引き出しに貯めていたのである。

でも、このてっちり屋のバイトはかなりきつかった。

高校生でありながら少々老けて見えた私は、客によく酒を飲まされ、酔っ払っていたものだ。

客が「兄ちゃん一杯飲みや」と言う。

断ると、「俺の酒が飲まれへんのんか」と、凄まれる。

仕方なく飲む。

また違う人が、俺の酒も飲めと凄んで、飲む。

帰りの自転車はフラフラであったが、でも仕事が楽しかった。

定時制に行くようになり、はじめは仕事をしていなかったが、パチンコで毎日最低三千円は儲けていた。

中学の時でも、夏休み等は土木作業員をしたり、酒屋の配達もして稼いでいた。

私は車の免許が取りたくて、パチンコを減らし、スーパーのなかのハンバーガー屋さんで働いて免許を取った。

そこのハンバーガー屋さんの店長がまたクセモノ！

女好きの博打好きで、私はよくその店長から頼まれて神戸の三宮にあるキャバレーのネエちゃんに花を届けた。仕事中でも競馬や競輪を、ノミ屋をとおして電話でやっていた。

あげくの果て、彼は、店の売り上げをごまかして、横領でクビになった。

私には直接関係はないが、一つの勉強であった。

そして、アルバイトの金で免許を取ってすぐ、車で出来る仕事はないかとアルバイト雑誌を買い、配送員募集の記事に期待して、面接に行った。

その会社は、有名なJミシンの代理店であった。

私は配送の仕事がしたかったのだが、そこの支店長は、まず営業から覚えなさいなどと、うまく私を言いくるめたのである。

Jミシンの営業マンはかなりきつい、固定給無しの完全歩合制なのである。

もし売れなければ交通費すら赤字になるし、休みも取ってはいられないのである。

幸いな事に、私は月最低十五台は売った。

でも保証がないから、三カ月で辞めてしまった。

その三カ月間は、毎月最低十五万円以上は貰い、その後割賦契約の関係で七カ月は給料を貰っていた。

ミシン会社の仕事では、露天でハンカチを作って配り、また刺繍もしたし、飛び込みの個別販売もした。

今から思えば楽しい思い出であり、良い勉強をした。

昔は営業が出来ればどんな仕事でも出来ると聞いた事がある。

それは嘘ではないだろう。営業ほど大変な仕事はないと、今、私は感じる。

そういえば、この時のJミシンの支店長もまた、かなりのやり手であった。人の心まで摑んでしまうので、営業に行けば、不思議と一〇〇パーセント売ってしまうという凄さがあった。

私も何度か一緒に営業をしたが、相手先の家族構成まで読み取り、喋れば喋るほど相手は支店長のペースにはまってしまうのだ。

当然、押し売りなどではなく、相手が自然とミシンを買いたくなる。

これは営業の天才とも言えるだろう。

聞いた話だが、この支店長はJミシンに入社した当時は、最初の二年間一台もミシンを売った事がなく、周りは馬鹿にしていたそうだ。

ところが、支店長はある日、皆の前で、今月私はミシンを百台売りますと宣言したそうだ。

そして支店長は、その月に約九十台売り切ったとの事である。

百台こそ売れなかったものの、周りはとても驚いたそうである。

支店長は二年間顧客回りをして、信用を先に売っていたのであった。

そして業績を上げ、Jミシンで一番若くして支店長に昇格したそうである。

私がJミシンを辞めようと思ったときも、支店長は私の心を全て読んでいた。

ある朝、支店長に、「ちょっと話があるんです」と言うと、支店長は「わかった」と言って、「隣の喫茶店に行って待っててくれ」と言い、私は「ハイ」と答え、支店長を待った。

しばらくして支店長が来て、私が何も話してないのに、もう三日、考えなさいと言い、営業マンの楽しさを語り始めたのである。

三日後、私の辞めるという気持ちは変わらず、支店長に「話があります」と言うと、支店長は何も聞かず、私に、「何処へ行っても頑張りなさいよ」と言い、黙って見送ってくれたのだ。

なかなかの支店長であった。

そして私は、やはり車の免許が使える仕事をしようと、先輩達が働いていたガソリンスタンドで働き、朝は新聞配達もした。

二つ合わせると良い給料になった。

しかし夕方からは学校があり、それが終わると遊ぶという生活で、かなり無理があった。

ある日の事である。体に変調をきたした。

汗が突然、出なくなったのである。

すぐ治ると思ったが、全然治らない。

汗の代わりに体中に湿しんが出て、痒くてたまらない。

おまけに体中に熱がこもり、冬でも寒くはなく、夏になれば一歩も外へ出られないという病気になってしまったのだ。

あらゆる病院に行ったが、原因不明でどうにもならなかった。

そのために私は、夏は仕事も出来ず、学校にも行けず、単位をとることも出来ず、卒業どころか留年するばかりであった。

冬は何とか仕事ができても、夏はまったく無理であった。

だから仕事もマチマチで、ガソリンスタンドをやめ、車の板金屋でアルバイトをしたり、電気屋さんにもアルバイトに行き、新聞配達もし、体調がすぐれないときは、自宅で寝ていた。

私はその時、初めて健康の大切さを知り、またお金の価値というものも体得した。

夏はほとんど家の中で、裸で濡れタオルを背中に掛け、扇風機の前でじっとしているだけであった。

その頃私が生まれて初めて結婚したいと思った彼女がいた。

名前はC子という。

しかし私は原因不明の病で、彼女と一緒に遊んだりデートしたりすることが出来ず、そんな彼女がかわいそうで、嫌がる彼女の意見を無視して強引に別れたのである。

本当は別れたくはなかったのだが、しかたがなかった。

そうして一人寂しく闘病生活を送るのであった。

よく後輩なんかが遊びに来ていたが、遊び人の後輩に対して、健康なんだから働けよと言い聞かせたものだ。

やはり人は、生まれた時から生きるという使命を持たされているのだ。

生きるという事は、食べるという事にも繋がり、つまり食べるためには、「人」は「動く」という事になる。

だから字のごとく、「働く」となるのだ。働かざるもの食うべからずという事である。

生きるという使命を果たす者には、欲望を満たすチャンスが与えられ、夢がもたらされるのである。

その夢を実現させるには、一歩でも先を見つめ、歩んでいかなければならないのである。

そして様々な経験をして、人としての生き方も体得し、大きく育たなければいけないのだ。

だから、人は食べるために働くのではなく、生きるという使命のもと、働くから食べられるのだ。

そのためにも、身体健康でなければならないし、自己管理を健康なうちからしなければならない。

私のように、身体が不自由になってからでは、なすすべもない。

幸い私は、両親と生活していたから助かってはいたが、もし一人で生活をしていたら、とんでもない生活をすることになったかもしれない。

食べるという事が出来なくなっていたかもしれない。

私は若くして健康という事の大切さを知った事に感謝する。

だから、健康なうちは働く事を惜しむことはないのだ。

あの時は本当に辛かった……。

夏が過ぎ、少し涼しくなった頃だった。

車の板金屋へアルバイトへ行ってた頃だ。

板金屋の社長が突然、「うちの店にも大きい看板が欲しいな」と言いだし、「でも高いしなあ」と言った。

私はすぐさま、社長に、「僕に作らしてくれませんか？」と言った。

すると社長が「よっしゃ。やってみろ」と言ってくれたのだ。

早速、私は材料代を貰い、よその看板の作り方を見に行き、材料を買ってきた。

看板は二日で出来上がり、社長に見せに行った。

すると社長は、「お前、これいけるで」と言い、私はいきなり次の日から看板屋を開業したのだ。

中古の軽トラックを買い、兄に考えてもらった屋号、アートボードクリエイターと車に書き付けて、営業に回った。

開業した理由は病気の件もあった。

自営業なら自由な時間を有意義に使えるし、働ける時にだけ働けるという利点があったからだ。

幸い私には仕事を通じて知り合いが多く、土建屋の工事中の看板とか、電気屋の車のネーム入れとか、注文が沢山取れ、面白いほどうまく行った。

お金が欲しい分だけ仕事をし、体調がよい時だけ仕事をし、後はゆっくりとのんびりとであった。自分で営《や》っているから、体調を管理するにも気を使わなくてよかったし、私には最適であった。

しかし本当のビジネスに気づかせられる時が来たのだ。

60

アウトロー・ビジネス

丁度、私が二十歳になる頃、地元の田舎でとんでもない店ができた。

そこは女の子が沢山いて、有名タレントなども来ていて、驚いた。

今では珍しくもないが、私が初めて見ることになったラウンジであった。

看板屋で少し儲けていた私は、先輩と一緒に飲みに行くことになった。

その後も私は作業着のままで何度か行った。

そこのオーナーは、奇遇にも、私が働いていたガソリンスタンドの社長の友人だった。

何度か行ったとき、そのオーナーから声をかけてもらい、私の服装を見たオーナーが、「お前、その服良く似おてるなあ」と言ってくれたのだ。

昔、ヤクザの若い衆は皆、戦闘服を着ていたが、私が着ていた作業着も戦闘服みたいなものだった。

ちょうど、そのオーナーは、右翼団体を発会させようと思っており、冗談で私に「うちのバスに乗れよ」と誘った。

話を聞いていると、私は自分の未熟さを思い知らされた。

企業のあり方や事業のやり方を、私は何も知らなかったのだ。

私はすぐに、その人に就職を願い出たが、直ぐには返事が貰えなかった。

そして何日かして、ようやく返事を貰い、条件が提示された。

条件とは、

一つ、給料は月五万円
一つ、休みはなし
一つ、二十四時間勤務体制
一つ、三年は辞めたくても辞められない

一つ、口が堅いこと

であった。私はすぐその条件を呑み、次の日から看板屋をやめ、働きに行ったのである。

ただ心配だったのは、私の体調の事であった。迷惑をかけてはならないし、仕事をしながらでも身体を治す方法はないかと、いつも考えていた。

仕事は二十四時間勤務の運転手から始まった。

そのラウンジのオーナーは、F興業の会長でF氏（F会長）と言うが、実は、当時、先述したA組傘下のK組の若頭であるI組のTI氏（I組組長）の舎弟（弟分）をしていたのである。

K組と言えば、当時の登録組員だけでも三千人を超えていて、A組の中でも武闘派として知られる大組織である。そこの若頭TI氏と言えば、皆が知っていた。

TI組長は飛びぬけた武闘派で、力があった。

普通、ヤクザと聞けば、一般の人は怖がるだろうが、このＴＩ組長は異色だった。

私が思うに、同じヤクザでも、任侠道を歩むものと、ただの暴力団とに分かれている。

ＴＩ組長はまさに、強きを挫き、弱きを助けるタイプの人であり、なおかつ怖いもの知らずの任侠ヤクザであった。

全国制覇を目指しＡ組が北海道を制したのも、このＴＩ組長の力である。

ＴＩ組長は喧嘩の相手の事務所をダンプで潰すのを考案した人物でもある。

このＴＩ組長の舎弟としてＦ会長は活躍していた。

しかしＦ会長は本当のヤクザとは言えず、分かりやすく言えば、企業舎弟であった。

仕事は、金融、会社整理、不動産の占有、不動産競売、建築、債権取り立て、そして競馬のノミ屋や賭博ゲームと、結構危ない事ばかりであった。

仕事でヤクザともめたとき、Ｉ組の名前を出すと、九九パーセント勝負はこっちのものであった。

それほどI組は力があり、私もI組の力のお陰で、錯覚して強くなった気分でいた。

TI組長に、私は何故か良くしてもらった。

その反面、何かとややこしい仕事のとき、TI組長からF会長を経由せず直接動かされたことが、よくあった。

しかしTI組長に言われると、私は何故か必ずパワーが出てきて、言われた事を必ず果たさなければならないと思った。

なぜか、すごくカリスマ性のある親分であった。

こうして私は、F会長から仕事を学び、TI組長からは男の生きざまを学ばせて貰い、まるで二人の義理の親父がいるようだった。

TI組長から直接私に連絡が入る事を、F会長は当然あまりよく思っていない事を、私は自分でも気づいていて、そこはうまく調整を図っていた。

でも、それまでに大変な事もあった。

前に述べたように私は体調不良で、治すためにはありとあらゆる手を使い、最後は拝み屋にまで行った。

幸いにも、拝み屋で治ったようだった。

天がまた、私に力をくれたのだ。

そうして私は、アウトローな生き方をするようになった。

F会長も、I組のお陰でかなりシノギをした事だろう。

I組傘下となれば誰もF会長に喧嘩も売らない。

もし売ってきても、すぐ解決できた。

どこの世界でも力が左右するのである。

F会長は事業に関してはかなり天才的な頭脳の持ち主であり、この後もどんどん事業を拡大していくのであった。

ＴＩ組長の一生

ＴＩ親分は、今の私の年齢の時、もう既に、組員三千人以上の武闘派の組織のナンバー2であった。

今の私と比べるのもなんだが、やはりすごい。私など、それだけの器量はとうてい無い。

ＴＩ組長は他のヤクザ組織と喧嘩しても負けない。必ず勝つ。いや、勝つまでする。皆が一目おいていた。

女性も超一流。

電話一本で喧嘩の片を付ける事など、当たり前のようにやった。若い衆を連れて歩くのも嫌がる怖いもの知らずだった。

喧嘩も遊びも女性も豪快であった。

組員も洗脳されていたと思う。

I組の若頭のY氏もまた、豪快で負け知らずの人であった。

だから喧嘩も負けるはずがない。

そんなTI組長は、親はK組長一人と決め、K組が日本一になる事しか考えていなかったが、ある時、日本中のヤクザが注目する大事件が起こった。

A組組長の死亡により空席になっていた次期（四代目）の跡目相続をめぐって、A組が真っ二つに分かれ、新四代目が決定した際、反主流派は新組織I会を結成し、K組はI会となり、K組長はナンバー2の席についた。

当時I会はA組より組員数ではるかに上回り、誰が見ても優勢に見えた。

四代目A組組長はかなりの武闘派であり、次から次へとI会の切り崩しを始め、多くのI会の直系組長を引退させた。

昭和五十九年のことであった。

一方I会も黙ってはいなかった。

四代目A組組長と若頭と幹部の合計三人を大阪で一度に殺害したのである。

その後、A組とI会の抗争は激化し、日本中で戦争が始まった。

我がTI組長も当然、I会のため、K組のため、中心的役目を果たしていた。

TI組長は人脈もあり、大手ゼネコン会社などの影の顧問として、相当の顧問料を受け取っていたこともあって、資金力も豊富で、その戦争にかなりの資金を投入したらしい。

しかし、そんな戦争の折に、K組組長は何を考えたのか、TI組長の資金源を奪いにかかり、TI組長を引退させたのだ。

やはり、金に目がくらんだのであろう。

金は人を変えるとは、よく言ったものだ。

それにしても、K組長も、この戦争の最中に金のために自分の片腕を切るとは、エライ時代だ。

三代目A組の頃から、直参の親分として活躍してもおかしくないTI組長であったが、あくまでもK組のもと、K組を支えてきたというのに、義理人情のない今のヤクザ世界そのものを見せつけられた。

ＴＩ組長はＫ組長から何一つ連絡も受けず、自分が引退させられた事を知ったのであった。

私から思えば、ＴＩ組長あってのＫ組であり、ＴＩ組長を引退させた事で、後々大変な事となる。

そこでＴＩ組長は、Ｉ組組員を集め、Ｉ組の解散を伝えたのであった。

Ｉ組の組員は涙を流し、再度、組長が現役に復帰する事を望んでいた。

私はＩ組の最後の「事始め」で、Ｙ若頭が、「Ｉ組は不滅です」と言ったその言葉が今も心の中にある。

誰もが、まさかこうなるとは思いもしなかった。

Ａ組の直系組長たちは、ＴＩ組長をなんとか自分たちの組織に迎え入れようとして挨拶してきたが、ＴＩ組長は全て断わった。

後に私はＴＩ組長と二人で話す機会があり、組長の真意を聞くことが出来た。

「親は一人でいい。その親に裏切られた。二人目の親は要らない」

との事であった。

ＴＩ組長引退後、やはりＫ組は弱体化してきた。

組織をうまく取りまとめる人材がいなかったのであろう。

その後、Ｋ組長の代理から連絡が入り、ＴＩ組長に再度、Ｋ組の副長として戻って欲しいとのことであったが、ＴＩ組長は丁重に断わったとのことである。

ＴＩ組長抜きではＫ組長も喧嘩に勝てるわけもなく、ましてやＩ会にとっても重要な存在を手放した事となる。

やっとの思いで四代目Ａ組組長を殺害し、一時優勢に立ったＩ会も、その後Ａ組に謝罪して解散となり、Ｋ組長もヤクザ人生に終止符をうった。

ＴＩ組長は、Ａ組組長を殺害した主犯の人達の事を死ぬまで気にとめていた。

現在も五代目Ａ組は健在で力も衰えず、さらに、四代目Ａ組組長の実弟であるＴ組長も、Ａ組から離れはしたもののＴ組一本で健在である。

だから、これから出所してくる主犯の人のことが気になったのではなかろうか。

引退したＴＩ組長はやはり、男としての生き方を崩すことはまったくなかった。

仕事を色々と考え、また、自分としての哲学を持っている組長であったから、やる事も早く、大胆であった。

ヤクザにも色々な生き方がある。

カッコだけのヤツや、ヤカラ（輩下をかかえている）だけのヤツ、真の仁侠道を歩む者、企業ヤクザとして歩む者。綺麗なヤクザもいれば、キタナいヤクザもいるという事だ。

私は、ヤクザとは、組織に入っていようがいまいが、任侠道を歩む人が本筋のヤクザであると思う。

ＴＩ組長にはそれが感じられた。

組長は救いを求めて来る人に最後まで必ず手を差し伸べてやる方であった。

引退後、組長は様々な事業に手を出し、様々な人を助けてきたが、バブルの崩壊により資産は全てなげうってしまった。

人間とは不思議な生き物で、組長が組織の権力者の時は近づき、引退をすれば遠のく。

義理も人情もない生き物である。

これが現実と言えば現実である。

企業も同じであり、事あれば、部下に責任をなすり付けて切り捨てる。政治もまた同じである。

考えてみれば、ヤクザもカタギもそこはみな同じである。

引退しようが、どうあろうが、人として付き合えるのが本当ではなかろうか。

私は平成十四年四月六日にTI組長が肝硬変で息を引き取るまで、及ばずながら、お付き合いをさせて頂いた。

このような人物には、もう巡り合うこともないと思う。

I組の皆は私の事をどう思うかわからないが、少なくとも私は、I組の、いやTI組長の若い衆であったと思い、それを誇りに思う。

F会長はTI組長が現役の頃、お前のとこの若い衆を事務所当番に入れろと再三言われていたが、あと一歩、踏み切れなかったのである。

私は最後までF会長を組行事に参加するように仕向けていた。

最後の最後、Ｉ組の副長の放免にＦ興業から十名参加させたのであったが、まさか解散になるとは、私も考えもしなかった。

Ｆ会長に意見出来るのは当時私しかいなかったから、ＴＩ組長はそれも見抜いていて、だから直接私に連絡や用事に行かせたのだろう。

おかげで、Ａ組との戦争のさ中、組長から指名されてＡ組の直参の組長と話を付けるように言われ、行かされた事もあった。正直言って、その時は少々怖かった。

組長、いやＴＩ親分が息を引き取り、その通夜や葬式のとき私は受付に座っていたが、超有名な親分の葬儀にしては参列者は少なく感じた。しかし逆に、最後まで親分の事を思って来た人がかなりいたことに感動もした。

私にとって、ＴＩ組長が今も親分である事に変わりはない。

F会長と私

話は前後するが、元々私はF会長に魅力を感じ、仕事を選んだ。条件はきついが、学ぶチャンスでもあった。

会長の運転手から私の苦しい仕事が始まった。

私の運転でF会長は、「リンカーン・コンチネンタル・マークファイブ」の、後部座席でなく助手席に、いつも乗っていた。

仕事の話に行くときはいつも、外で待っていたが、ときには私に、「お前一緒に入れ」と同行させてもらったこともあった。

私にとっては大チャンスであり、私は仕事の内容を聞いたり、しゃべり方を聞いたりして、とても勉強になった。

しかしこの運転手も楽なものではなかった。

ある日、F会長は私に「I組のSは運転手で付いた時はいつも親分の車の前でキヲツケのまま、待っているぞ！」と言った。

つまり、私に同じ事をしろということであった。

仕事が終わって、会長が接待や遊びで北新地やミナミに飲みに行くときも、私は車の前でキヲツケのまま立っていた。

雨の日だけは許されたが、夏は暑くて倒れそうになった事もある。

また、冬は寒くて、車のエンジンをかけたまま、車のフロントタイヤのところで待っていた。

当然、コートを着ることなど許されない。

雪の日など、とんでもなく辛かった。

小便にすら行けなかった。

なぜなら、万一小便に行っている時にF会長が戻ってきて、ずっとサボっていたと思われたくなかったからだ。

本当に苦労した。

しかし、この事が後に私にとってプラスになった。

F会長のブレーンが私の姿を見て感心してくれたのだ。

F会長に付いて一年くらいしてから、初めて貰った仕事が取り立てであった。

運よく私は短期間でお金を回収し、仕事をこなした。

次の仕事は競馬のノミ屋であった。

そうして、土曜、日曜は競馬、その他は運転手をやった。

ある時、F会長は、助手席から私に、「お前、あの仕事のこと、どう思う?」と聞いてきた。

私は素直に思ったままを即答した。

するとF会長は私に、「お前は俺に意見するのはまだ早い」と言って、叱ったのである。

性格というか、ワンマンな人だった。

だから私は、F会長の吸うタバコをいつも最低三個は持っていて、おまけに百円ライターも三個くらい持っていた。

会長が「タバコ」と言ったとき、直ぐにないと機嫌が悪いのだ。

もちろん、特別に金を貰えるはずもなく、タバコは毎月の手当の五万円の中から買っていた。

だから私は本当にお金がなく、F会長から「お前、昼飯行って来い」と言われても、「ハイ」と言って二十分くらい外をうろうろして、何も食べずに事務所に帰ったことも再三だった。

一番大変だったのは、電話番号である。

ワンマンなだけに、突然、何々の電話番号を教えろと言い、手帳なんかで探していると叱られる。

だから私は、F会長のブレーンの電話番号を最低五百件は記憶していた。

私の後任の運転手で、ここまでやり抜いた者は一人もいないだろう。

それから私は運転手の仕事を離れ、様々な仕事を体験した。

私は何をするにも、その仕事に関連する法律も独学して参考にした。

知らぬ間に、ちょっとした契約書や内容証明なんかは自分で作成出来るようになり、また、作成する事が楽しみにもなっていった。

しかし、当初五万円だった手当てが十万円くらいまでにはなっていたが、とんでもなく生活に困っていた。

丁度その頃、F会長の経営するラウンジで働いていた恋人がいたが、家に電話もない状態だった。

当時、F会長からいつ呼び出されるやら分からない私は、いつもポケットベルを持ち、鳴れば近くの公衆電話まで走って電話をかけていた。

二十四時間不規則で、休みもない。

泊り込みで家に帰れない時も再三あった。

そんな私と交際していたラウンジの彼女は、いつ帰って来るやら分からない私との交際に疲れを感じたのだろう、別れて欲しいと言ってきた。

そして別れた。

この彼女が、実は、身体の悪い私を拝み屋に連れて行ってくれたのだった。

Ｆ会長の教えの中には、仕事が出来てビッグになれば、女は勝手に付いて来る、それと、人には絶対、酒も飯もおごってもらうなというのがあった。

何故か？

人におごってもらったら、その人に義理ができ、頭が上がらなくなる。

だから、もし一軒おごってもらったら、必ずおごり返せというのだ。

たしかに正論である。

しかし私にはお金がない。

といっても、人付き合いも大切である。

私はまだ二十歳《はたち》そこそこで、相手は会長のブレーンとかで年上ばかりである。

飲みに行くのも大阪の北新地のクラブとかで、値段も一人最低三万円から五万円くらいと、高かった。

新地のクラブで、二十歳そこそこで飲んでいる人なんか、当時誰もいない。

その時が私の新地のデビューであった。

しかし、ビッグになろうと思っている私には、避けて通れない道であった。

借金するしかない。

空ローンも組んだりして、たちまち借金は膨らみ、半年で六百万円は充分超えた。

といってF会長にも言えず、内緒でこそこそ取り立てなどの仕事をしたものだった。

私はF会長のブレーンとよく飲みに行き、おかげで対の付き合いが出来るようになったのである。

ということは、F会長と対で付き合いして来たブレーンが、私と対で付き合った事で、自然、F会長に対して立場が下になった、即ち、F会長の立場が上になったという事である。

ある日、私はF会長にお願いをした。

「毎月の手当てはいりません。でも、仕事で上がったお金の一〇パーセントを下さい」と。

F会長は了解し、私はガムシャラに働いた。

そして、その後、直ぐに大きな仕事をやり遂げた。

相手は大手企業で、相手の弁護士や警察も動いたが、私は法的に処理をして、四千万円の資金を手にした。

私は一〇パーセントの四百万円を貰うつもりで、すぐF会長に現金を持って行ったが、貰ったのは一パーセントの四十万円であった。

しかたなく、内緒で仕事をせざるを得なかった。

時にはF会長のブレーンから約束手形を借りて、金融屋などで手形を割り引き、お金をつくっていた。

この手形割引がまた、癖になるのだ。

たった一枚の紙切れに金額を入れるだけで、お金に換わる。

手形の期日が来たら、また手形を割り引き、そのお金で決済する。

割引が出来ないときは手形をジャンプ（差し替え）して貰う。

そのうち、仕事が仕上がれば、そのお金で手形を買い戻す。

でも、万一仕事がうまく行かないと自転車操業になり、膨大な借金を背負う事になる。

私は必ず何とかなると思い込み、また自信もあった。

現に何とかなった。

ときには、今回はヤバイと思う時も何度かあったが、運良く天に助けられたのだった。

そうして私はF興業において力を付け、本部長まで上りつめた。

F会長はワンマンな人であったが、その頃は私の話は聞いてくれた。

私はどんな事でも率先して前に立つタイプであり、高く評価されたのであった。

A組とI会の戦争のときも、私は前に立ち、事務所とF会長を守ったつもりである。

昭和六十三年、I組解散に伴い、今までトラブルが起こった他の組織からシッペ返しも沢山あり、F会長も命を狙われた事があった。

私は会長の所から独立をしたが、二人の関係に色々問題があったり、ヤクザからの勧誘などもあり、二度ほどヤクザにさらわれた事があった。

それは、F会長がその後、他の組織に入ろうとしたのを、私が反対したからだ。F会長を傘下に入れたい組織が私の反対を知り、私をさらったのであった。F会長は傘下に入ったが、私は傘下に入らず、ハッキリと断わって難を避けたのだ。

当時、私は四億くらいの借金があったが、運良くバブルが始まり、借金は返せた。

私はその後、不動産会社、外車販売会社、芸能プロダクション、政治団体などを設立して頑張った。

F会長とも完全に切れた訳ではなく、仕事の上では協力体制にあった。

私はかなり冒険好きで、事業も拡大し、韓国のソウルでも八十坪のクラブを開店し、派手にやっていた。

また北新地やミナミの飲食代も月最低二百万円くらい、多いときでは五百万円くらいで、全てネオン街に消えたのである。

女性関係も増え、女性によく貴金属をプレゼントしたものだ。

接待もあり、遊びもありと、毎晩豪遊していた。

しかし人生はそう甘くはなかった。

バブルが崩壊し、韓国のクラブは韓国の風俗営業法により営業停止になるわ、金融で貸した金も返って来ないわ、保証債務は発生するわで、一気に経営は落ち込み、借金まみれになった。どうする事も出来ず、債権者に対して頭を下げて回り、何とか皆棚上げをしてくれたが、どうしても一人、私の資産を取り上げようとした人物がいた。

それはF会長であった。

私が乗っていたベンツを持って来い、事務所の権利書を持って来いと言われ、一番信じていたF会長にまさかここまで……と思い、私はF会長との縁を切ったのである。

後々F会長と話す機会が出来、お互いの誤解もあった事も判明した。

その時期は、TI組長が亡くなる一カ月ほど前であった。

組長死亡の連絡をＦ会長に知らせ、葬儀の準備をお願いしたのであった。

結婚と子供

私がバブル崩壊で借金まみれになる直前、北新地で一人のママと知り合った。飲みに行った後、よく博打をしに行ったりして、毎日のように会っていた。付き合うまでにはそう時間もかからず、自然と同棲を始めたのである。

それから直ぐ、今まで雇われママであった彼女が、オーナーママとして自分でクラブを開店する事になり、自分の資力でやりこなした。

しかし、オーナーママともなると、スタッフやホステスの管理、売り上げ計算など、様々な問題が起こって仕事も増え、日々疲れていたようである。

私は店にはタッチしていなかったが、彼女は毎日のように帰宅が朝方となり、話など聞いてやったりしていると、さすがの私も疲れて来て、ダウン寸前であった。

私は彼女に、「結婚しようか？」と言って、店をやめるように勧めた。

彼女は了承し、私は最低限の生活を約束し、店は約二年間営業した後閉店した。

この時期、私は仕事が低迷していて、正直言って金銭的には大変苦しくなっていた。

F会長と縁を切った後で、会社も縮小し、再度新事業に向け思案していた時であり、私にとって大切な時期でもあった。

平成六年十月、そんな状況の中、結婚式を東京のとある場所で行った。

そして平成六年十一月末、彼女が妊娠している事がわかったのである。予定日は平成七年八月七日であった。

私たち二人は、平成七年三月十九日、大阪の某ホテルで披露宴を行い、沢山の人々に祝福をして貰ったのである。

特別関係はないが次の日、オウムのサリン事件が起きた時だ。

そして平成七年四月初め、思わぬ事件が起こった。彼女が早朝、破水してしまったのだ。

さすがに私も慌て、病院の電話を間違えてかけるなど、頭の中がパニックになっていた。

冷静になって彼女を病院に運び診断を受けたが、産婦人科の先生は、今回はあきらめた方がいいと簡単に言う。

何故か？　早産すれば必ず子供に障害が起きるというのだ。

私はそれでも先生に頼み込み、母子共に助けて欲しいと言って、結局、某大学病院に搬送されたのである。

彼女はその間、入院先で約一カ月寝たきり状態で、起き上がる事もさせてもらえなかった。

さぞかし辛かっただろう。

結局、彼女も頑張って、平成七年五月十八日、早産で、たった一一五〇グラムの男児を出産した。

私の長男は保育器の中で約三カ月育てられ、八月十三日にようやく退院した。

退院の際、先生が大変な事を口にした。

この赤ちゃんはよく呼吸が止まることがあるので、夜なども時々様子を見て、もし呼吸が止まったら、背中を何回か叩いてくれと言うのだ。

私と彼女は、それから一週間程、まともに寝たことがなかった。

よく考えたら、間抜けな二人だった。

交代で寝ればよかったのだ。

長男はその後も病院へ行ったり来たりで、大変だった。

呼吸もたまに止まり、喘息もあり、おまけに目が見えないかもしれないとか、歩けないかもしれないとか言われ、あらゆるリハビリへ行った。

それが効を奏し、今は未熟児で生まれたとは思えないくらい元気になった。

彼女も、ここまで育て上げるのに、かなり疲れたことだろう。

この苦労があったからこそ、余計に長男が可愛くてしかたがない二人なのである。

その年の一月、忘れもしない、あの阪神・淡路大震災があった。

私の自宅はマンションの七階だが、かなり揺れ、ワゴンが行ったり来たりし、額なんかもバタンバタンした。彼女は妊娠中であり、私はお腹の赤ちゃんを守るため、よつんばいになって彼女のお腹を護っていた。

この大震災のため、仮設住宅の建設の仕事を貰い、大阪、神戸を走り回った。

私にとって平成七年は激動の年であった。

結婚と子供

宗教ではない真の宗教

91

平成三年ごろ、私はある知人から、宗教じみた話を耳にした。

私は宗教にはあまり興味がなかったが、昔、体調が悪いときに拝み屋に行って、体調がましになった事もあり、神秘の世界に少しは関心があった。

その内容は、上手くは言えないのだが、宗教ではない宗教であった。

まず、神、仏などではなく、先祖に対しての教えであり、宗旨宗派は関係ない。人は皆、必ず親がいる、その親にはまた親がいる、つまり、先祖を追究すれば、源になる人がいて、この地球を創られた親がいるということである。

即ち、現実の親が我が子を大切に、理屈ぬきで護り、養いゆくように、源の親の真の子となれば、必ずや親は護り、養ってくれるというものである。

全てを詳しくは書ききれないが、源の親の子となるには、心の中で源の親に対して何事も打ち明ける必要がある、というものである。

すると、親は子のために何とかしてやろうと、理屈抜きで力を与え、良き方法を与えてくれる。

だから、拝む頼むではなく、親に報告する事が大切なのである。

私の考えでは、宗教は自分達が対象とする神に拝む頼むものであり、それぞれの宗教に独自の教えがある。

しかし、神が本当に存在するなら、どこの宗教も同じ教えでなければならないはずである。

要するに、それらの宗教は自分たちの信仰する神を美化し、また、そのため、自分らの宗教の教えを全て思想で創り上げているのだ。

だから、その宗教が素晴らしく思え、人は自分の考えに近い宗教にすがるのである。

しかし、それだけ美化すれば人は寄るが、実際の証は見える事もないのが、現実である。

ところが、私が言うこの源の親に投げかければ、必ず証は見えるのである。

いや、見えたのである。

難しく言えば、源の親に「仁義をきる」のである。

一種の真の「任侠道」である。

私はその教えに共鳴した。すぐ知人に、東京にある本山に連れて行ってもらい、そこの師に教えを頂き、数年お世話になり学ばせて頂いた。

何故か?

真の人の道を学びたかったからである。

そんな事を言うと、この私の生き方を変えなければならないのではないかと、人は皆、思うかもしれないが、そうではない。真の人の道とは、これまでの常識概念を捨て、新たに追求・探求し、悟りゆくことなのである。

つまり現実のこの世の常識や法律は全て人間の思想で作られており、本当に正しいのか、正しくないのかがわからないのである。

だから私は、この師の教えに共鳴したのだ。

たとえばリストラになった人がいるとしよう。その人はこの世では浮浪者である。仕事もなく、就職したくても高齢で雇ってもらえず、おまけに寝たきりの妻がいてどうする事も出来ず、パン屋でパンを万引きしてしまったとしよう。

万引きが悪い事は常識であるが、立場が変われば私も同じことをするかもしれない。

何故か?

国も人も誰も助けてはくれない非情の世であるからだ。

その人にとっては、そうする他に手立てがなかったのだ。

だからといって、万引きするのは仕方がないと言うのでもない。

法律的には犯罪ではあるが、どちらが正しいかは判断出来ないということである。

そんな事から、私は常識概念を捨て、真の人の生き方を悟りたく思ったのであった。

私が結婚式をして頂いたのもこの本山であり、また、私の彼女が妊娠した折、立派な男児が生まれるよと言って、すぐに名前を付けて頂いたのである。

ところが私は、本山にも公私混同のところがあると判断し、脱会してしまった。

今は私自身、師の教えは間違いないとして、私自身で「創世親主会」という任意団体を設立し、少しずつではあるが布教している。

何も知らない私の周りの人は、きっと私が変な宗教に凝っていると思うかも知れないが、私は自信を持って布教を続けたい。

神経から来る体調の不調とか、霊による体調不調者に、治療などもしている。

ただ、私自身まだまだ修行の身であるからして、体得を積んでいる。

人の本当の苦しみや悲しみ、そして痛みを知ってこそ、その人達の真の気持ちがわかり、そして真から手助けしてあげる事が出来ると思う。

そのように、現実の社会で、体得という真の学びを今も続けさせて頂いているのである。

よく坊主が、滝にあたり、山にこもり、悟りが開くと言うけれど、そんなものはただ疲れるだけで、何の悟りの役にも立たないと私は判断する。

なぜなら、悟りとは真に気づいた事、即ち真理に気づいたときを言うのであり、それは現実の社会で揉まれてこそ体得でき、悟れるのだ。

供養や法要などを真に出来る坊主は、この世に一人としていないのである。

お経の意味もわからぬ坊主も沢山いる。

最近はテープでお経を流す坊主もいるとか……。

まあ、宗教も駄目とは言わぬが、気やすめ程度にしておいたほうがよいだろう。

宗教とは、本当に真底から救って欲しいと来られた方に、真に答えてやらなければならない。

なのに、言葉だけ飾り、奇麗事ばかり言っては金をまきあげる。

そんな宗教法人がまかり通り、会館等の大きい建物が建つのである。

阪神・淡路大震災の時、あのオウムが、大震災の予想が的中したなどと騒いでいたが、宗教とは当てもん屋ではないのだから、そんな事で喜んでチラシを巻く前に、一刻を争う被災者を助けるほうがもっと宗教らしく思われるはずなのだが?

最近、他の団体も、そんな当てもん屋みたいな事をやっているようだ。

これからの国政は、こういったまやかしの宗教法人から、どんどん税金を取るべきではなかろうか。

大きな病

私は結婚する二年前くらいから、あまり体調がすぐれなかった。でも夜、酒を飲むと楽になり、あとは気合いで生きてきた。

昔、体調が悪いとき、色々と病院にも行ったが、原因がわからず治す事が出来なかったため、私は病院を信用することが出来なくなって、それから全く病院に行かなくなった。

ところが次第に不調になってきて、食事もとれず、体重も四十六キロまで落ち、限界が来た。

丁度、長男が生まれた直後だった。

私はとうとう、病院に行った。

私の病名はC型肝炎であった。

C型肝炎ウイルスが医学界で発見されたのは、平成初期であったと思う。思い起こせば、若い頃病院で血液検査をした折、少し肝臓の数値が上がっていると医者が言っていた。

まさしくその時、既にC型肝炎に冒されてていて、しかもキャリアではなく、活動型であったのだ。

C型肝炎の治療はインターフェロンを使う。もともと白血病の患者のために開発されたものであるが、C型肝炎の治療にも一部効果があるとされたのである。

一種の免疫力を付ける抗がん剤である。

しかしその効果は、C型肝炎の患者の約二〇パーセントにしか効かず、ましてや保険治療も半年と制限され、なおかつ、保険治療を受けても一本当たり約一万円くらい必要なのであった。半年間、一日おきに一本打ったとして、約九十本、金額にして約九十万円かかり、その他入院費や諸経費を入れると百万円ではまったく足らないのだ。

そのくせ、治療で治る確率は二〇パーセントと低い。

C型肝炎は、今や日本中で二百万人くらい感染しているとされるが、実際はもっと多いと思う。C型肝炎に感染して活動型になると、そのほとんどの人が肝硬変になり、肝癌に進行する事も多い病気なのだ。

私の場合、運良く進行してはいなかった。

あのTI組長も、実はC型肝炎であった。

つまり、放っておくと死に至ることが多い病気だ。

不運にも、私の仕えたF会長も今、C型肝炎で悩んでいる。

おもな感染原因は注射のまわし打ちや、刺青、輸血、血液製剤などである。

今、社会問題になっているのは血液製剤であるが、我々の幼い時代は予防接種での注射の回し打ちは当たり前であった。

となると、厚生労働省はC型肝炎の患者を難病認定し、その治療費を全て負担し、補償を行う必要があろう。

私のときはまだこの病気に対する認識が低かったが、これからは政府も、また与党と野党も、日に何千万もの税金を使って相互の叩き合いする前に、国民のために真剣にその対策に取り組んで欲しいものだ。

話は戻るが、私は医者の勧めるインターフェロンの投与をこばみ、ミノファーゲンという薬を投与し、肝炎のウイルスを少し抑えて、活動型からキャリアへ戻そうと願った。

何故かというと、インターフェロンの投与はかなりの副作用があるからだ。うつ病や糖尿病、またかなりの倦怠感などがあり、中にはうつ病で自殺する人も少なくはないからだ。

しかし、ミノファーゲンで数値を下げてキャリアを目指そうとしたが、無理であった。

長男が一歳の時、私は私のためでなく、長男のため、インターフェロンの投与を決断した。

はじめは二週間、毎日投与し、その後は一日おきに一本投与し、半年間続けなければならなかった。

一本投与する度に四〇度の熱が出る。

神経がおかしくなるのも当然である。

投与しはじめてから三カ月経った頃、やはり、うつ病が出てきた。

普通は二カ月入院し、後は四カ月通院して投与するのだが、私は二週間で退院し、後は通院したのである。

かなりきつい倦怠感とイライラが出だし、私は本当に自殺を考えた事があった。

そのつど息子のことを考え、自分を落ち着かせた。

しかし、始めてから四カ月後、私は限界を超えてしまった。

そしてドクターストップ。

医者から見ても、私はもう普通ではなかった。

当然、妻である彼女もその姿を見ている。

何故うつ病になると自殺者が出るのかを、私は私自身で体得し、学んだ。

治療はかなりきつく、この苦しみからどう逃げるかを考えるようになる。

何とか楽になりたいという気持ちが、自殺に結びつくのだ。

ある日、医者が妻に聞いた。

「自宅はマンションですか?」

「……マンションです」

「マンションは何階ですか?」

「……五階です」

「危ないですね。自殺しないように気をつけてください!」

その言葉を聞いて、妻は息子を連れ、少しの間、実家に帰ってしまったのである。

一人のマンションで考えるのは、自殺の事。その都度、私は息子の写真を見て、自分自身に言い聞かせるのであった。

どこからともなく来るイライラ。

普通のイライラではないイライラなのだ。

医者は、インターフェロンの投与を止めたら、うつ病はすぐ治ると言ったが、何とか動けるまで二年はかかり、今現在も精神安定剤と抗うつ剤が必需品となっている。

医者もいいかげんなものだ。だって、自分に投与した事もないのに、簡単に言うんだから。

医者ももっと勉強しろよ！

何とか動けるようになるまでの二年間、妻は息子を連れ、自宅と実家を行ったり来たりしていた。私のしんどい姿が辛い、いや本当は鬱陶しかったのかもしれない。

私は自然と「しんどい」という言葉が出るが、彼女は私を無視した。

その頃から、彼女に対する気持ちが変わっていった。しかし息子の母には変わりない。だから我慢した。

私はこのうつ病から一日も早く抜け出したかった。

そのため、海外から抗うつ剤を輸入したり、ありとあらゆる健康食品も飲んだ。

しかし、怪しげな人間が暗躍するこの世の中、病人の弱みに付け込む商売も多い。

病人が金に糸目をつけず、飛びつきたくなるような広告チラシを撒き、病人を食い物にしているとしか思えない会社もある。

まったく詐欺と同じである。

薬でも、私が投与したインターフェロンもそうだが、絶対にこの薬が効くとは一〇〇パーセント言えないのだ。

同じ病気の人が同じ薬を飲んでも、効く人もいれば効かない人もいる。

これは皆、血液型が違うように、体質も細胞も必ず一緒とは限らないからである。

医者に行ってもらったうつ病の薬でも、効く効かないがあるため、薬が効きそうにない場合は必ず薬を替えてもらう。

もし、替えてもらえない場合は、医者を替える。

そのためには本などを読んで勉強し、どういう薬があり、どんな副作用があるかを知っておく事も大切である。

だから、今行っている心療内科も、処方箋はある程度私が希望する。

医者によっても、絶対同じ薬とは限らない。

その医者の考え方が当然入るためだ。

医者が言っているから何も間違いがないとは限らない。病院も何軒か回り、自分の納得のいく先生を選ぶ事も大切だと思う。

健康食品にしても同じである。

大きな病を健康食品で克服した人もいれば、全く効かない人もいる。

健康食品の場合、三カ月飲めばおよそ判断がつくだろう。

飲み薬の場合は、二週間くらいで判断がつくものもある。

だから、誇大広告には要注意である。

病気を治すには、自分に合う薬を見つけることと、あせらず時間をかける事が大切である。

そして、生きる意欲もまた大切だ。

私の場合、一日も早く治りたくて勉強したのであった。

私は一つ、面白い事を考えた。

うつ病が酷くなった人は自殺をしやすいため、電気ショック療法を施すことがある。

お腹を空腹状態にして何万ボルトという電気を流すと、一時的に楽になるそうである。

私も苦しい時、先生にこの電気ショック療法を願い出たが、中には死ぬ人もいるとの事で断わられた。

私は、電気と身体または神経とは何か関係があるのではないかと思い、差込みコンセントと変圧器を購入して自分で電気を流してみようと思ったが、周囲に止められた。

そこで私は今度は接骨院に行き、そこの先生に低周波治療器を頭にかけてくれと頼んだのである。

さすがの先生も一瞬ひるんだが、望みならばやってみようと、額と首と背中に低周波を少し強めにかけてくれた。

私は毎日、接骨院に通い、半年位続けたのである。

接骨院には大勢の患者が来ており、ある日、一人の患者さんが私に、「おたく、頭、凝りますのんか?」と聞いてきた。

はたから見ると、よほど滑稽であったのだろう。

接骨院も日曜祭日は休みなので、私は電気屋に行き、肩こり用の低周波の器械を買い、自分でかけていた。

説明書には、決して頭などに使用しないで下さいと書いてあったが、私はそれを無視した。

不思議なもので、低周波をかけた後は気分がよい。これはいけると私は判断した。

本当に半年くらいで、私のうつ病はかなり改善されてきたのである。

但し、皆様は決して真似をしないように忠告しておきたい。

うつ病の本当の治し方は、焦らずのんびりとする事だそうだ。

こうして私は、あらゆる事にチャレンジし、病と闘った。

ところが今度は、妻が子宮ガンにかかってしまった。

彼女は入院して手術を受けなければならなくなった。

子宮全摘で大丈夫と医者は判断したが、彼女は死を恐れた。

私はまだ体調が悪く、何とか動ける程度であったが、彼女を慰めるため、無理して毎日、病院に見舞いに行った。

それは、私が苦しんでいた時、彼女が無視した事がどれだけ辛かったかを、良い意味で気づかせるためでもあったが、彼女が気づいたかどうか、結局、私には判断できなかった。

一番影響を受けたのは、息子であった。

彼女が入院し、私は仕事もあるので、息子は彼女の実家で面倒を見てもらい、私は時々顔を出す程度であった。

息子よ、あの時はごめんなさい、と謝りたい。

平成十二年の初め頃、私もかなり元気になり、仕事も頑張っていたが、ある夜、眠ろうとした私の耳元でパーンという音がして、頭が痛くなってきた。

次の日、病院に行き、検査の結果、頭に動脈瘤らしきものが見つかった。その時、一瞬にして私は、ここの病院では駄目だと判断した。

私は自分が納得出来る医者を探し、三軒目でこの先生だと思う医師に巡り会い、その場で入院の日と手術日を決めてしまった。

家族の了解もとらずに。

さすがの妻も、何で相談もなしで決めるのかと怒っていた。

また、さすがの先生も、こんな患者は初めてだと思ったそうである。

しかしながら当然、私にも医者を選ぶ権利がある。

一軒目の病院は、やぶ医者として有名であった。

二軒目の病院は、脳神経外科では評判はよかった。しかし担当の医師が若かったので、私は思わず「先生が手術してくれるのですか?」と尋ね、「そうです」と言われたとき、病院を替えようと思った。

三軒目は、先ほど書いたとおり、直感でこの先生だと思った。

入院してすぐ検査をしたところ、私の頭には、動脈瘤が右に一個、左に二個、計三箇所あった。

先生は左右同時には手術は出来ないと言い、右をまず手術して、二カ月後に左をすると言ったが、わたしは強引に左右同時にして欲しいと言った。困りながらも、先生は了承してくれた。

手術は、普通なら四時間で出来るところを、私の無理な願いで左右同時にしたため、七時間もかかった。

手術は成功した。

ところが、術後の痛みを我慢していた私は、一週間後、突然記憶喪失になった。

朝起きて、自分が入院している事はわかったが、自分が誰で、ここがどこなのかが、さっぱりわからない。

そして、身体が全身痺れていた。

トイレに行こうとしたら、真っ直ぐ歩けず、慌てて看護婦が私の腕を掴んだが、その手を振り切り自分でトイレまで行った。

次に気がつくと、病院の先生がたくさんいて、何やら私の事を話していたようだ。

病院から電話を受けた妻は、直ぐに飛んで来た。

彼女は私に、「私の事わかる?」と聞いてきたが、彼女である事はわかるのだが、名前が出て来ない。

何とか名前を言おうとした私は、やはり違う名前を呼んでしまったのである。

この手術をやった患者で記憶喪失になったのは、私が世界で三人目だそうで、医師は学会で発表したそうだ。

その記憶喪失も、四日くらいで戻っていった。

一カ月半くらいで退院したが、その間、先生が面白い事を言った。

「私は神を信じた事はないが、貴方を見ていると神が存在するのではないかと思う」

そして、「あと一カ月遅かったら、貴方は死んでいたかも知れない」とも言った。

動脈瘤など、前もってなかなか気づかないらしい。

だから、何故見つかったか、謎であったそうだ。

ところで私は、C型肝炎のときインターフェロンを投与されて、四カ月でドクターストップになったが、この治療の効果がある二〇パーセントに、これまた幸運にも入り、今現在も陰性である。

こうして私は、大きな病を二回克服したのである。

ここで大切な事を一つ言っておきたい。

今の医学は発達していて、C型肝炎の人がいれば、前もって、インターフェロンを投与して効く人と効かない人の判断が出来るとのことである。

悪質な医者は、効かない患者にも、お金儲けのためインターフェロンを投与する事がある。要注意である。

アウトローに生きる

私は運よく様々な病を克服、また様々な仕事をこなして来たが、この景気低迷でなかなかうまくはいかなかった。

そんな折、知人からある人を紹介してもらい、その人のビジネスに投資する事となった。

初めは二千万円を二カ月投資してくれと言われ、その報酬も五億円ということで魅力があった。私はそのお金を知人から借り、投資した。

ところが二カ月たっても仕事はうまくいかず、再投資、再投資と続き、これは詐欺であると気がついた時には、私の会社の約束手形は既に七億円を超えていた。

まあ、私も間抜けだ。

この話を持ちかけた男は、今も詐欺を続けている。実名をあげたいくらいの人物だが……。

その男はだますとき、必ず海外での投資話を持ち出すから、ご用心。

という訳で、知人や、ヤクザから借りたお金は返って来ず、周りに迷惑をかけてしまった。

当然、私の会社は倒産した。

浮気癖のあった私は、浮気と借金のせいで妻と離婚し、彼女は息子とともに実家へ帰ってしまった。

今までは何とかやって来た私であったが、とうとう天の助けがなくなってしまい、運が尽きたかのようであった。

借金も全部で十一億円くらいあるし、どうにもならなくなった私は、その後大阪と九州を駆け巡り、さらに裏の世界の仕事にも手を出した。

その仕事とは中国人マフィアとの仕事であり、背に腹はかえられない状態であった。しかし、その仕事も簡単には行かず、儲けもあまりなかった。

金に困れば、人は何でもできる。
金につながることがあれば、そこへ走る。
してはいけないと思っても、生きるために走る。
犯罪の原点はそこかもしれない。

私はよく人に騙された。
しかし今までは、それでも何とかなった。
今はもう、どうにもならない。
限界である。

この世の中もどうにもならない。
しかし私は何とかやって行かなければならない。
他の人と違って、幾分かはドツボの免疫がある。

息子もいる。
やるしかない。

118

逮捕

何とか裏社会の仕事で一発決めようと思った私だが、平成十三年末にこの仕事から手を引いた。

しかしツケは後から回ってくるものだ。

その仕事の内偵が大阪府警特捜部で始まっていた。

一人目のターゲットは私であった。

特捜部の内偵を知った私は、こちらから特捜部に連絡し、「何を調べとんやっ」と言って、用があるならいつでもこちらから行く旨を伝えた。

一カ月後の平成十四年四月二十三日、ガサ入れと共に私は逮捕された。

二十日の拘留を受けたが、その間警察が私を起訴出来なかったことから再逮捕され、さらに二十日間の拘留を受けた。

気になるのは自分自身の事ではなく、同年二月に離婚した彼女が体調不良のため、息子を私が引き取っていたことだった。

私の母親に面倒をみてもらっていたが、心配でたまらなかった。

通算四十二日間の拘留であったが、その間、小学校一年になったばかりの息子はどう感じただろうか？

当然、息子には本当の事は言わず、長期出張という事にした。

結局、警察のほうは処分保留で釈放された。

逮捕された後、釈放まで、私には接見禁止が付けられていた。

つまり、誰とも、面会さえさせて貰えないのだ。

刑事さんの温情で、家族には刑事さんから連絡を入れてもらい、事情を説明して貰った。

弁護士を入れたかったが、私には費用もなく、当番弁護士を呼んでもらった。正式に依頼をするには、やはり最低五十万円程かかるため、万一起訴されたときには国選弁護士にお願いしようと決めた。

外部との連絡が取れないため、仕事の件などで他の人にも迷惑が及んだ。丁度私は、逮捕前に風俗の仕事を始めるため、オープンの準備をしていたのだ。広告も依頼し、四月二十五日から新聞に掲載する段取りになっていた。ところが、広告が掲載される二日前に逮捕されたから、アルバイトの子も当然、どうしていいかわからず、開店休業となり、釈放された時には広告の請求書だけが残っていた。

虚しいことだ。

しかし、そんな中でも嬉しい事はあった。

私とはあまり付き合いのなくなっていたN氏が、あまりにも私と連絡が取れないので心配し、私の周辺の人達に連絡を取りまくり、私が留置されていることを知って、自らの費用で弁護士を入れてくれたのだ。

彼も昔、ヤクザをしていて、今は建築土木の会社を設立し、カタギとして頑張っているのであった。

本書で私は、友情なんか、なかなか無いと書いたが、ひょっとして、これを友情と言うのだろうか。

また、他にも心配してくれた人達がいた。それは、先日他界したＴＩ組長のところの組員達である。

ＴＩ組長の他界が縁で再会した、Ｙ若頭を中心とするＩ組の同志である。

再会して、今後も皆で協力していこうと約束したが、やはり私との連絡が取れない事から、あちらこちらと連絡し、私が留置されている事を 摑んだのである。

皆が心配してくれていたのは嬉しいことだった。

Ｆ会長も私の留置の一報を受け、子供と母親の事を気にかけ、何とか私の自宅の電話番号を調べて電話を掛けてくれたのだが、運悪く私の自宅の電話は料金滞納で止められていた。

それにしても有り難いことである。

ところで、自分が悪いことをして言うのも何だが、やはり留置場の飯はまずい。

豚小屋とはよく言ったもので、本当に一日一回はおからが出るのだ。

しかし、法律的に言えば、留置されている人は皆、容疑者であり、犯罪者ではない。

なのに、扱いは犯罪者と同じである。

名前は呼び捨てで、自由なんて、あるわけもない。

やはり留置の場合、もう少し法律的に考えた方がよいのではなかろうか?

あくまでも容疑者なのだから。

この話を拘留延期のため検察庁に行ったとき検事さんにしたら、「ごもっともです、本日は良い話を聞きました」と頭を下げた。

そして二時間ほど話をしたものだった。

ところで、留置場は犯罪の「貯金箱」でもある。

犯罪の情報源なのだ。

やり方によっては法律にギリギリに触れずにすむ事もある。

これまでの事は全て、私にとってはプラスに思える。

誰もが経験できない事を体得してきたからだ。

真面目一本に生きていくのが幸せなのか、少し危険でもアウトローに生きていくのが幸せなのか、それは人それぞれの考え方である。

もし、私が真面目一本で生きていたなら、おそらく私は自己破産するか自殺をしていたであろう。

私は、少なくとも、今までアウトローに生きてきた事に後悔はない。

どうせの一生、有意義に生きたい。

サラリーマンにもなれないし、なる気もない。

決まった枠の中では生きてはいけないのである。

逮捕された事も後悔はない。

しかし、周りの人に迷惑をかけたことは反省する。

当然、我が家系において、こんな私みたいなやつは一人だけであろう。

家族にしたら、たまらん存在に違いないはずだが、一人くらい、こんなやつもいていいのではないだろうか！

これからの仕事と生き方

留置場に四十二日間もいれば、考える時間は沢山ある。
新しいひらめきや、発想が湧き出る。
今、その仕事を準備中である。
何とか成功させて借金を返したい。
そして息子のためにも頑張りたいと思う。
しかし、やはりアウトローな生き方はやめるつもりはない。
真の任侠道を歩みたいと思う。

そういえば、私が二十七歳のとき父親がこの世を去ったが、父の亡くなる寸前、私は母から大変な事を知らされショックを受けた。

父は死ぬまで、祖父の恩人のA氏のガラス会社に勤めていたが、その社長が会長に就任し、息子が社長になった時だった。

その息子は実は、アウトローで元組員。

息子は社長就任の際、派手な就任式を計画し、それに対して私の父が、そんな無駄な経費を使わないよう意見をした。

すると、その意見に逆上した彼は、私の父を五日間にわたって監禁した。

会長がその事を知り、無事解決したそうだが、父は家族に、私には絶対この事を言うなと言ったそうである。

母は、父の病気の原因がそこにあるのではないかと思って、私に打ち明けたのであった。

その会話を病床の父が隣の部屋で聞いていて、母に、「言うたらあかんと言うてるやろ」と怒っていた。

父は私に、もう済んだ事やからと言って、私の介入を拒んだ。

父はその話の後、十六日目に他界した。

父が亡くなり、父のカバンを開けてみると、一枚の新聞記事があった。

その記事は、A氏の息子が現役のヤクザの頃に犯罪で逮捕された時のものだった。やはり父は恨みを持っていたのだろう。

父の葬儀の際、その息子も来たが、私はその息子を睨みつける以上の事はしなかった。

当時、結婚を約束していた彼女がいて、その彼女も父の葬式を手伝ってくれていたが、その息子の事も知っていて、私の殺気立った顔を見て心配していた。

周囲の人は、私が何か事を起こさないかと神経を使っていた。

しかし、この世は狭い。

あるとき知人の政治団体の会長から、付き合いで知り合いの葬儀に出てもらえないかと話があった。

それはあの息子の子供の葬式だった。交通事故で死亡したのである。

それを知った私は葬儀への出席を拒んだが、その政治団体の会長に、もう大人にならなければと意見をされ、出席した。

これからも様々な事に遭遇するだろう、そして私は、やはりアウトローな生き方をしていくだろう。

世の中には必要悪という存在がある。
ときとしてヤクザよりも堅気のやつの方があくどいことをする場合がある。
それを叩くのは警察ではなく、本来のヤクザであった。
悪にはヤクザを、だ。
しかし、家族にも迷惑をかけたくない。
だから法律は更に勉強する必要がある。
私の母は現在八十歳であるが、当然、私の生き方は理解出来ないようである。
しかし私は、人生を悔いなく生きたい。
お袋、ごめんなさい。
私はこれからも様々なことを学び、体得していきたい。真の悟りを開いたとき、

「創世親主会」が間違いなく世のため、人のためになれると確信している。

あとがき

人生にはいくつもの、山、川、谷がある。

その一つ一つを自分自身で乗り越えて行くしか道はない。

私の場合でも、良い時もあった。借金まみれにもなった。病気もした。悪いことをして逮捕もされた。しかし今、ここでこうして筆を執っている。

つまり私は、多くの経験をさせて貰った。人には出来ない経験を。

これは人生の修行であり、体得であると感謝する。

体得は悟りなり。

そこらの坊さんの話を聞くより、私の話を聞くほうが為になるかもしれない。

私はこれからも体得しつづけるつもりである。


人生、楽しく生きたいものだ。

何事もプラス思考に持っていく事もまた、大切であろう。

マイナス思考はだめだ。前を向いて歩んでいこう。

勇気を出して。


人は皆、一律ではない。

生まれた時期や育った環境が違う。

だから学び方も違うし、育ち方も違う。教え方も変わるのが当然であり、理解の仕方も変わる。

私の生き方と他の人の生き方は異なり、とらえ方も変わってくる事だろう。

平凡な生き方をするもしないも、人それぞれであり、選択をするのは自分自身しかない。

私の人生が万一、誰かの参考になるならば、最高である。

また、私は今後も裏社会の真実や、宗教でない宗教についても筆を執りたいと思う。

知って得する別世界を、皆様が知って利用されればよいと思う。

ただ一つ、最後に言いたい事は、仕事や生き方に良い悪いはない。何もしないより、何事にもチャレンジして歩むことが大切であると思う。

何事も諦めず、前進することだ。

病気においても、万一死の宣告をされても諦めず、一日でも長く生き抜くために努力すべきである。

それがプラス思考であり、生かされているという使命を全《まっと》うする事である。

著者プロフィール

達也（たつや）

昭和34年（1959）大阪に生まれる。
暴力によるまるでイジメと同等の体験をして高校を退学し、二度転校。
看板屋をしていてF興行F会長と知り合え、アウトローの世界に。
F会長の運転手を皮切りに、その親分で任侠に厚いTI親分と廻り合う。
各種のアブナイ仕事を体験し、A組とI会の抗争も体験。
独立して不動産会社等各種事業を展開するが、バブル崩壊で閉鎖。
C型肝炎や脳動脈瘤等の重病を克服。
親の親の親……創世の親にまかせきるという、真の宗教を追求する。

アウトローな人生

2003年3月15日　初版第1刷発行

著　者　達也
発行者　瓜谷 綱延
発行所　株式会社文芸社
〒160-0022　東京都新宿区新宿1－10－1
電話　03-5369-3060（編集）
03-5369-2299（販売）
振替　00190-8-728265

印刷所　株式会社ユニックス

ISBN4-8355-5228-8 C0095